AF381140

Présentation

J'ai découvert le recueil « Le poème de Luchon » l'année de mon projet « Les lacs des Pyrénées » un collectage de poèmes paru en 2024. À ce moment-là, j'effectuai plusieurs balades aux alentours de cette ville. Le tour de plusieurs lacs et de lieux atypiques était mon quotidien afin de parfaire mon ouvrage. Le lac Vert, le lac Bleu, le lac Charles, le lac de Célinda, le lac d'Oô, le Gouffre et Ru d'Enfer, le lac de Montagnette, les lacs de Venasque et le port de Venasque ce superbe belvédère afin d'admirer le massif de la Maladeta et ses pics, la Maladeta, Maudit et l'Anéto, (le pic d'Anéto est le point culminant de la chaine des Pyrénées avec une altitude de 3404 m. il a été nommé Jusqu'au XIX siècles le Néthou). Tous ces lieux, aussi beaux qu'ils soient, se rajoutaient dans mon programme pédestre. Je complétai mon projet d'écriture avec une œuvre publiée sur ce recueil « Soir tombant » qui évoque le lac d'Oô. Les poèmes de Paul page témoignent d'une authentique réalité de l'époque, mais surtout ils restent, pour certains textes, toujours d'actualité. Ce livre se trouve également dans les archives numériques de Gallica (BNF) dans son édition originale de 1893, (Sarthe, librairie éditeur). Je voulais vous présenter ces poèmes et réaliser une republication de cette œuvre afin que le lecteur puisse plus facilement la découvrir. Aucune recherche n'a

abouti concernant l'auteur ce que je regrette vraiment...
Sa vie et peut être d'autres textes restent une énigme,
comme deux projets consignés sur son recueil d'origine
annoté : « A paru : Le gaulois » « pour paraître : Les
poèmes du passé ».

J'espère que ces textes vous transporteront autour de
cette belle vallée. Qu'ils évoqueront un souvenir de
voyage, ou un lieu remarqué jadis. En vous souhaitant
une bonne lecture et une belle balade autour de Luchon.

                              Fabien Ader.

Paul Page

Le poème de Luchon

Oh ! Vivre ici sans haine et sans espoir morose,

Dans l'impossible paix des monts et des forêts !

(XI)

Je dédie ces vers,
Souvenir du dernier voyage que nous avons fait
ensemble,
À ma sœur Marie-Luce-Page,
Morte à vingt-trois ans,
Le 28 octobre 1893.

Novembre 1893.   P.P.

Le Poème de Luchon

Nocturne

I

Luchon dort au milieu de sa verte vallée,

La lune va glissant des flots d'or sur ses toits,

Et minuit, épandant la rêverie ailée,

Avec ses douze chants passe au milieu des bois.

Les routes vont se perdre à travers les villages,

Entre les champs semés de foins et de maïs,

Vers les monts assoupis habillés de feuillages

À nos regards charmés cachant d'autres pays.

Tout dort dans la vallée et dans les solitudes

Où miroitent sans fin les feuilles, les torrents ;

En les obscurs ravins et par les altitudes

La brise a mis l'émoi de ses soupirs errants...

II

Dans le silence empli de songe et de mystère,

Sur la crête des monts, parmi les bois dormants,

Comme une humaine voix nous rappelant la terre,

Des sons et des accords ont passé par moments.

Ils viennent de ton seuil, ô monument des fêtes

Qui brilles dans la nuit lunaire des villas ;

Pendant que nous cherchons l'apaisement des faîtes,

D'autres, rois du plaisir, recherchent tes éclats.

D'autres vont à tes bals, à tes jeux, à tes scènes ;

Mais nous, forts de l'oubli des grandes passions,

Voulant nourrir ce soir notre âme à d'autres cènes,

Le grand Pan nous ravit de ses émotions.

Et du haut des monts noirs nous contemplons la ville,

Nous contemplons le ciel, les cimes, les vallons, —

Mais ta chanson nous vient si douce et si débile,

Ta chanson de hautbois, flûtes et violons,

Que nous rêvons, bercés d'une volupté sombre,

Tournés vers l'infini de l'azur étoilé,

Car nos vagues regrets ressurgissent sans nombre,

Musique dont les sons troublants nous ont parlé !

III

Plus haut ! Encore plus haut ! nous oublierons, peut-être ;

Allons vers les sommets que nul écho n'atteint,

Perdons-nous dans la nuit des sapins et des hêtres,

Et restons dans la paix des monts jusqu'au matin !

Castel-Vieil

L'ombre des monts s'étend sur le vallon tranquille.

Le vieux castel, que dore un moment le soleil,

A l'heure où tout s'apaise et s'incline au sommeil,

Dans sa sérénité domine au loin la ville.

Cette tour solitaire au front du vieux rocher,

Bien des ans l'ont battue en leurs ondes pareilles,

Bien des hommes rieurs que plus rien ne réveille

Sur ses créneaux souvent sont venus se pencher.

Et maintenant, ô tour qui ne crains pas l'orage,

Témoin muet des grands combats de nos aïeux,

Les mondains vont vers toi, curieux et joyeux,

Et tu vois un étrange et frivole entourage.

Cependant la vallée, et la cime, et les bois,

Immuablement beaux n'ont pas changé d'image,

C'est le même zéphir, c'est le même ramage,

Et le torrent mugit comme aux temps d'autrefois.

Mai là-bas des maisons déroulent leurs toitures,

Peuplant ta solitude et profanant ton seuil,

Troublant les souvenirs dont tu portais le deuil,

Et ne comprenant plus les grandes aventures.

Ah ! qu'ils sont loin tes jours de jeunesse, ô castel

Quand dans son char à bœufs passait la chatelaine

Pour aller se baigner aux sources de la plaine,

Et lorsque tes signaux déployaient leur appel.

Console-toi, pourtant, de notre différence ;

Les printemps passeront : nous passerons comme eux ;

Toi, tu demeureras dans le vallon fameux

Où tu retrouveras, peut-être, le silence.

Et laisse aller ton rêve aux rumeurs du torrent

Qui s'échappe à tes pieds en ondes courroucées,

Berce dans le zéphyr aux chansons cadencées

Tes quatre murs debout sur leur rocher veillant.

Romance de l'Étrangère

Parmi les cités du plaisir
Je suis celle qui passe vite,
Et je m'arrête et je m'invite
Ou repars où va mon désir :
Je suis la passagère
Étrangère !

J'ai vu Rome, j'ai vu Paris,
J'ai vu l'Espagne et l'Angleterre,
Et tous les endroits de la terre
Où le bonheur chante, aime et rit ; —
Je suis la passagère
Étrangère.

Nul pays ne m'a pu charmer,
Mais au pied des monts Pyrénées
J'ai rencontré mes destinées,
C'est là que je voudrais aimer !
Je suis la passagère
Étrangère.

Parmi la musique et les fleurs,

Sous les sapins de la vallée,

Mon âme prend son envolée,

Les parfums me semblent meilleurs.

Je suis la passagère

Étrangère.

Et dans les sites merveilleux

Qui couronnent Luchon la reine,

Je rêve, et ma pensée est pleine

D'idéal et de chants joyeux...

Je suis la passagère

Étrangère.

Mais sous les cieux toujours si bleus,

Par les nuits tièdes et sereines,

J'aime tant les fêtes mondaines.

Les concerts et les bals soyeux !

Je suis la passagère

Étrangère.

Dès que mon cœur a pu chérir,

J'ai choisi le pays de France ;

Je laisse là mon espérance,

C'est là que je voudrais mourir !

Adieu la passagère

Étrangère !

Allée d'Étigny

Les cavaliers fringants passent sous les platanes.

L'amazone hautaine est comme leur sultane : —

Et la brise est si douce et le ciel est si bleu

Que mon cœur a frémi comme pour un aveu.

Les beaux bambins rieurs secoués à dos d'âne

Promènent leur risible et folle caravane, —

Et leur vue a jeté sous les fronts soucieux

Des élans d'espérance et des pensers joyeux.

Les accords du Kiosque en les arbres s'élèvent,

Sous les quinconces verts les belles dames rêvent,

D'autres causent, on lit, par instants, les journaux ;

Humant l'air bienfaisant, quelque pâle malade

Vers la profonde allée étend sa promenade ;

Et les guides s'en vont aux galops des chevaux.

La Chanson des Guides

Au penchant des monts, au creux des abîmes,

Nous apparaissons, droits sur nos chevaux ;

L'écho des sentiers éperd leurs galops ;

Nous nous en allons conquérir les cimes !

Nous sommes les guides joyeux,

Vivent les glaciers, les bois et les cieux !

Vers les pics neigeux, les blanches cascades,

De l'aube à la nuit, vers les lointains ports,

Vers la forêt sombre et le lac qui dort,

Nous guidons l'élan de nos cavalcades ;

Nous sommes les Guides joyeux,

Accourez à nous les audacieux !

Oh ! que nous aimons la vaste nature,

Ses détours pour nous sont toujours nouveaux !

Qu'il fait bon errer par monts et par vaux

Sur les grands chemins au vent des montures !

Nous sommes les guides joyeux,

Vivent les torrents au flot toujours bleus.

Vers la solitude et par les orages,

Étranger veux-tu nous suivre là-haut ?

Et tu trouveras un décor si beau

Et tu comprendras notre amour sauvage !

À nous les monts Pyrénéens,

Vivent les enfants nés sous leurs sapins !

Dans la Montagne

À ma sœur.

Nous monterons plus haut pour mieux voir les vallons,
Nous atteindrons la crète, et nous contemplerons...,
— Oh ! vois comme la ville est petite et lointaine !...
Nous nous abreuverons au creux de la fontaine,
Sur les rochers moussus nous nous reposerons.

Et nous admirerons dans les cieux bleus les cimes,
Les sapins verts et noir que l'ouragan décime...
— Aperçois-tu, bien bas, passer des cavaliers ?...
Nous cueillerons les fleurs sauvages des halliers,
Nos regards curieux fouilleront les abîmes.

Les oiseaux ont charmé l'âpreté des sentiers...
... Mais le soir va sans hâte assombrir les glaciers,
D'un nuage attristé la forêt s'est voilée,
Et l'éther bleu qui flotte à travers les vallées
Absorbe les rayons du soleil à nos pieds.

Partons avant la nuit et la mélancolie ;

Ces sites ne sont pas de ceux que l'on oublie,

Nous les savons gravés dans nos cerveaux rêveurs,

Et bien des ans sur nous faneront bien des fleurs

Avant que leur mémoire en nos cœurs soit tarie.

Superbagnères.

Soir tombant

Le lac d'Oô.

Avant-coureurs muets de la nuit commençante,

Les sommets projetaient leur grande ombre croissante,

Sur son onde tranquille et sur ses bords pierreux ;

Le soleil rougissait les cieux mélancoliques,

Et ses rayons frappaient de lueurs métalliques

Le lac triste assoupi dans son cirque rocheux.

Et le martèlement sans fin de la cascade,

Sourd, profond, bouillonnant, tombait du haut des rocs ;

Elle enflait le silence effrayant de ses chocs,

Jusqu'au lac noircissant déroulant ses saccades.

Le soir assombrissait la neige des glaciers,

Nous voguions sur le lac aux eaux calmes et pures,

Et dans l'immensité des sites coutumiers

Les aigles déployaient leurs mornes envergures.

Cascade et Ru d'Enfer

Parmi les gouffres noirs elle a pris son élan,

Elle tombe si bas, si bas, au fond des roches,

Que nos yeux ne voient plus les écueils quelle accroche ;

Et les arbres voisins frissonnent sous son vent.

Notre admiration sauvage est effrayée,

La terrasse est étroite et nous reculons ;

Nous n'apercevons plus les monts ni les vallons.

À travers les fourrés une sente est frayée.

Et nous montons plus haut, vers le pont suspendu

Au-dessus de l'abîme étourdissant qui tonne ;

Nous suivons le sentier où ce grand bruit résonne.

Et voici maintenant un val inattendu,

Et, près des pics neigeux embrumés, une entaille,

Un corridor géant où le torrent mugit.

Un vertige nous prend devant ces deux murailles

Si hautes que les pins au sommet sont petits ;

Nous regardons au fond, pris de vague épouvante :

L'avalanche y jeta ses blocs immaculés,

Et le torrent glacé, qu'un souffle froid évente,

Roule parmi les rocs ses combats affolés.

Espagne ! Espagne !

I

Vers les pics désolés des roides Pyrénées,

Longtemps par les sentiers nos pieds se sont meurtris ;

La neige des glaciers, vieille de tant d'années,

Étonnait nos regards de ses mornes replis,

Et nous montions parmi les pentes ravinées,

Parmi les vents, le froid, les gorges, les torrents,

Au port morne et glacé sans cesse reculant.

L'inaccessible col séjour des avalanches

Nos bâtons fatigués, enfin, l'ont rencontré.

Nous y voici ! bien loin des solitudes blanches

Nos yeux vont savourer l'espace immesuré,

Vers de nouveaux pays tous nos rêves se penchent.

Espagne ! Espagne ! Où sont Charlemagne et Roland

Les maures d'autrefois, les paladins errants ?

Notre rêve descend vers tes brûlantes plaines,

Par-delà le silence éternel du Néthou ;

Les brises de tes fleurs apportent tant d'haleines,

Que l'air semble plus pur et le sentier plus doux,

Et que les visions dont nos âmes sont pleines

Nous font pâmer d'inexprimables voluptés,

O pays de l'amour, des chants et des beautés !

II

Je rêve de l'Andalousie,

O La divine poésie

Qu'un chant de mandoline, au soir !

— Soulève un peu ta jalousie,

Belle Andalouse aux cheveux noirs !

Par les grenadiers solitaires,

Les alhambras, les monastères,

Je veux errer, je veux errer !

— O beaux yeux noirs pleins de mystère

Si je pouvais vous rencontrer !

Je rêve tes chants et tes danses,

Tes guitares et tes cadences,

Tes toréros, tes nuits, tes jours,

— Brune Espagne, o mon espérance,

Je rêve surtout tes amours !...

III

Et, par-delà les monts, nos yeux perdus d'ivresse

Vont chercher les palais rêvés, d'azur des cieux,

L'idéal Andalouse, impossible maîtresse,

Les grenadiers en fleur, les troubadours joyeux.

Le passé, — Ferdinand, l'inquisition sombre,

Philippe dans Madrid et dans l'Escurial, —

Le passé jette en nous ses souvenirs sans nombre,

Nous chantant son poème effrayant et fatal...

...Mais le soleil s'incline au milieu des montagnes,

Les aigles ont lancé leur cri rauque en passant,

Un vent froid est venu des gorges de l'Espagne,

Vers la réalité le rêve redescend.

Nos corps sont fatigués et nos âmes sont lasses.

Cependant, délaissant nos fantômes moqueurs,

Nous revenons parmi les torrents et les glaces,

Mais la mélancolie a germé dans nos cœurs !

Néthou

Il dresse sous l'azur ses cimes éternelles,

Sa solitude immense et son désolement,

Et son front de vieillard blanchi sinistrement

S'abîmant dans la paix des hauteurs solennelles ;

Sa toison de sapins toujours sombres et verts,

Sa majesté terrible et ses coups d'avalanche,

Les torrents que son flanc inépuisable épanche,

Interminablement issus de ses hivers.

Et parfois, au milieu des nuages livides,

Flottants, déchiquetés aux crêtes impavides,

S'abat un effroyable et subit ouragan ;

L'éclair incessant frappe et flambe en les ténèbres

Répercuté parmi les gouffres et les vents

Où l'aigle rauque et fauve éperd ses cris funèbres....

Val d'Aran

À ma mère.

Le soleil est tombé derrière la montagne,
L'ombre des monts s'accroit lentement sur le val,
Atteint les monts voisins, les assiège et les gagne,
Et sans trêve, brunit l'azur oriental.

La Garonne en son lit de pierres séculaires
Monotone et heureuse assombrit ses flots bleus,
Et le vert des forêts et des prés solitaires
S'enténèbre. La nuit apparait dans les cieux.

C'est l'heure où les troupeaux descendent vers les crèches
Et sur les flancs des monts, par les chemins pierreux,
Par les escarpements, humant les brises fraîches,
Ils s'en vont retrouver l'abri des vallons creux.

Qu'il est rêveur, au soir, le son de leurs clochettes
Multiplié parmi les chênes et les pins,
Tintinnabulement berceur aux voix fluettes,
Égrènements divers que l'écho rend lointain !

Le beuglement pensif des grandes vaches rousses,

Le bêlement joyeux des brebis se pressant,

Et la chanson du pâtre, aux cadences si douces,

Qui montent dans le soir paisible et frémissant !

Ah c'est le chant sacré de la verte nature !

Il vibre dans nos cœurs mollement oppressés,

Et nous allons songeant aux vieilles aventures,

Aux pasteurs primitifs, aux tribus du passé.

Sur les pentes des monts notre rêve se pose,

La cabane écartée a pour nous mille attraits ;

Oh vivre ici, sans haine et sans espoir morose,

Dans l'impassible paix des monts et des forêts !

Vivre ici, solitaire, au creux du val tranquille,

Nous en avons formé l'impossible désir !

Ah ! pensons-y demain, dans le bruit de nos villes,

Que ce tressaillement nous puisse ressaisir !...

...Les troupeaux piétinants ont retrouvé les crèches,

Tout est seul en la nuit ; les astres ont surgi,

Et le fleuve au flot noir bruit parmi les brèches.

La lune va briller à l'horizon rougi...

Au-dessus des monts noirs, déesse auréolée

Elle monte, éblouit, et s'étale en tous lieux,

Elle argente la plaine, elle emplit la vallée,

Et déborde, au-delà des crêtes, dans les cieux.

Amour sous les étoiles

Nous partions tous deux bien loin dans la montagne,

A l'heure où le soleil dore les pics neigeux,

Et parmi les forêts où l'obscurité gagne,

Solitaires marcheurs que l'amour accompagne,

Nous guiderons nos pas émus et courageux...

Nous irons nous asseoir sur les vertes fougères,

Et nous regarderons dans le noir de la nuit,

Muets, pressant nos mains sans fièvres, presque austères,

Monter les astres d'or sur la paix de la terre

Dans leur course invisible à jamais enfuis,

Les voici maintenant groupés en théories,

Leur scintillante gloire orne l'immensité ;

Etoiles annonçant nos futures patries,

Vers le maître éternel il semble qu'elles prient

Dans un hymne éperdu, depuis l'éternité...

Je te sens tressaillir devant le devant le grand mystère,

J'ai compris la pensée et ton émotion,

Tes lèvres ont tremblé, ton cœur n'a pu se taire,

Sous les cieux étoilés tendons les mains, ma chère,

Et savourons sans fin notre adoration.

Et nous balbutierons de divines paroles,

Et joignant nos deux noms aux murmures pieux

Nous ceindrons notre amour de la même auréole,

Mêlant en la prière ardente et le symbole

L'infini de notre âme à l'infini des cieux !

Nous confondrons alors nos sereines pensées ;

Le silence des nuits, de ses étranges voix,

Nous soufflera l'oubli des souffrances passées,

Et les doutes fuiront nos âmes enlacées

Dans un suprême élan de tendresse et de foi...

Aux étoiles

Ames du ciel éparse en la nuit, sur nos têtes,

Dites-nous les secrets des mondes et des cieux ;

Versez-les dans le cœur inquiet du poète,

Et faites palpiter d'espérance muette

L'amoureuse aux yeux noirs dont l'âme est dans les yeux !

La Source

Elle filtre à travers la mousse toujours verte,

Bruissant, cascadant sur les cailloux polis,

Au fond du ravin noir cachée en des replis,

Et, l'entendant chanter, nous l'avons découverte.

Sauvage, en la beauté des monts et des forêts,

Elle ira sous l'azur et par la solitude,

Charmant les horizons que l'ouragan dénude,

Ruisseau, grossir le fleuve errant parmi les prés...

Moi, j'entendrai de même en mon être un murmure,

Quand des beautés auront frappé mes yeux lassés.

Source de poésie immortellement pure

Alors tu jailliras de mon cœur oppressé,

Et tu m'abreuveras des chants que j'ai pensés

Aimant d'un même amour la femme et la nature.

Oh ! tu m'entraineras dans la beauté des vers,

Tu charmeras souvent ma route austère ou sombre,

Et des lyres ta voix allant grossir le nombre,

À l'hymne universel mêlera ses concerts !

Luchon 24 - 29 Août 1893

Table

© Auteur Paul Page
Édition : BoD · Books on Demand GmbH, In de Tarpen 42,
22848 Norderstedt (Allemagne)
Impression : Libri Plureos GmbH, Friedensallee 273,
22763 Hamburg (Allemagne)
Illustration conception couverture et quatrième de couverture
Fabien Ader
Illustration couverture à partir d'une photographie (édition
Labouche frères Toulouse.)
Ilustration quatrième de couverture à partir d'une
photographie (éditeur Carrache, Pau, 66.les Pyrénées lac
d'Artouste.)
Présentation Fabien Ader

ISBN : 978-2-3224-7908-5
Dépôt légal : Novembre 2024

MIXTE
Papier issu de sources responsables
Paper from responsible sources
FSC® C105338
FSC
www.fsc.org